OUI LOVE ANIMALS

An English/French Bilingual Picture Book

by Oui Love Books

ODÉON LIVRE
CHICAGO
2018

odeonlivre.com

le fourmilier

anteater

la chauve-souris

bat

l'ours

bear

le castor

beaver

l'oiseau

bird

le taureau

bull

le chameau

camel

le chat

cat

le guépard

cheetah

le crabe

crab

la grue

crane

le crocodile

crocodile

le cerf

deer

le chien

dog

le dauphin

dolphin

le canard

duck

l'éléphant

elephant

le poisson

fish

le flamengo

flamengo

le renard

fox

la girafe

giraffe

le gorille

gorilla

le requin-marteau

hammerhead shark

le hérisson

hedgehog

l'hippopotame

hippo

le cheval

horse

le kangourou

kangaroo

le kiwi

kiwi

le koala

koala

le lémurien

lemur

le lion

lion

le lézard

lizard

le lama

llama

le lamantin

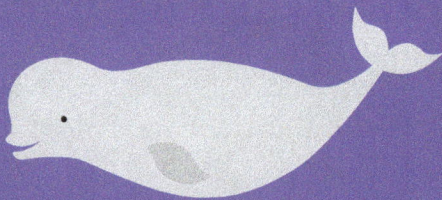

manatee

le singe

monkey

l'élan

moose

la souris

mouse

le narval

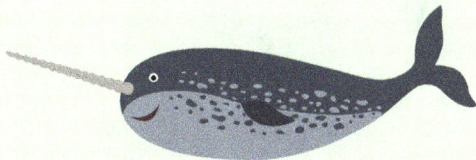

narwhal

le poulpe

octopus

l'orque

orca

l'autruche

ostrich

la loutre

otter

le panda

panda

la perruche

parakeet

le perroquet

parrot

le pélican

pelican

le pingouin

penguin

le cochon

pig

le macareux

puffin

le lapin

rabbit

le raton laveur

racoon

le rhinocéros

rhino

la tortue de mer

sea turtle

la mouette

seagull

l'hippocampe

seahorse

le phoque

seal

la moufette

skunk

le paresseux

sloth

le serpent

snake

l'araignée

spider

l'écureuil

squirrel

la raie

stingray

le cygne

swan

le tapir

tapir

le tigre

tiger

le toucan

toucan

la dinde

turkey

la tortue

turtle

le vautour

vulture

le morse

walrus

le phacochère

warthog

la baleine

whale

le loup

wolf

le yak

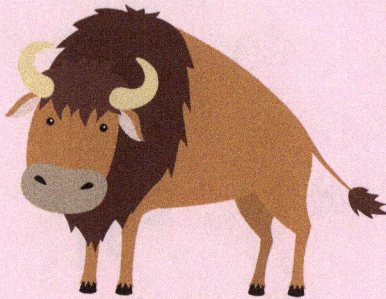

yak

le zèbre

zebra